GW01403198

Carlo and the Lost Christmas Star: Bilingual Italian-English Christmas Stories for Kids

Pomme Bilingual

Published by Pomme Bilingual, 2024.

CARLO AND THE LOST CHRISTMAS STAR: BILINGUAL ITALIAN-ENGLISH CHRISTMAS STORIES FOR KIDS

First edition. November 5, 2024.

Copyright © 2024 Pomme Bilingual.

ISBN: 979-8227480712

Written by Pomme Bilingual.

Table of Contents

I Biscotti Segreti di Nonna Lucia

———

C'era una volta un bambino di nome Mario, che viveva in un piccolo paese italiano insieme alla sua adorata nonna, Nonna Lucia. Nonna Lucia era famosa per i suoi biscotti, che preparava solo la vigilia di Natale. Tutti in paese sapevano che i biscotti di Nonna Lucia erano magici, ma nessuno sapeva esattamente perché.

Quella vigilia di Natale, Mario era particolarmente curioso. Nonna Lucia gli aveva detto di non toccare i biscotti fino a quando non fossero pronti, ma l'aroma dolce e speziato che si diffondeva per la casa era irresistibile. Così, mentre Nonna Lucia era distratta, Mario allungò la mano e prese un biscotto caldo dal vassoio.

Appena lo assaggiò, successe qualcosa di incredibile: Mario iniziò a rimpicciolirsi! Si guardò intorno spaventato e vide che era diventato piccolo piccolo, proprio come un elfo. Prima che potesse capire cosa stava succedendo, sentì un fruscio e vide un gruppo di animaletti che lo guardavano sorridenti. C'erano un topolino, una coccinella, un riccio e perfino una piccola civetta.

"Sei venuto ad aiutarci con le decorazioni di Natale?" chiese il topolino, agitando una minuscola ghirlanda di bacche rosse.

Mario non sapeva cosa rispondere, ma capì che ormai era coinvolto in questa strana avventura. Così si mise al lavoro, aiutando gli animaletti a decorare il loro piccolo albero di

Natale. Portò palline minuscole, sistemò fili luccicanti e appese minuscole luci fatte di gocce di rugiada.

Dopo aver lavorato tutta la notte, Mario si sedette per riposarsi. Gli animaletti gli raccontarono che ogni anno, grazie ai biscotti magici di Nonna Lucia, potevano preparare un albero speciale e festeggiare il Natale anche loro. Mario si sentì onorato di aver preso parte a quel momento magico, ma iniziava a sentire la mancanza di casa.

Proprio in quel momento, Nonna Lucia apparve accanto a lui, sorridendo dolcemente. "Hai scoperto il segreto dei miei biscotti, eh, Mario?" gli disse con un sorriso.

"Sì, Nonna," rispose Mario. "Ma non sapevo che la magia fosse così... speciale."

Nonna Lucia annuì. "La magia di Natale è speciale perché ci insegna l'importanza di condividere e di stare insieme. Questi animaletti festeggiano con noi ogni anno, anche se noi non li vediamo. Ora che lo sai, puoi portare con te questa tradizione."

Con un battito di ciglia, Mario si ritrovò di nuovo a casa, nella sua cucina, alla grandezza normale. Guardò i biscotti sul vassoio e sorrise. Ora sapeva quanto fosse importante condividerli.

Quella sera, Mario e Nonna Lucia prepararono altri biscotti e li distribuirono tra i vicini. Mentre mangiava il suo biscotto, Mario sentiva il calore della famiglia e della tradizione, sapendo che anche i piccoli amici del bosco stavano festeggiando con loro.

Grandma Lucia's Secret Cookies

———

O nce upon a time, there was a boy named Mario who lived in a small Italian village with his beloved grandmother, Grandma Lucia. Grandma Lucia was famous for her cookies, which she only made on Christmas Eve. Everyone in the village knew that Grandma Lucia's cookies were magical, but no one knew exactly why.

That Christmas Eve, Mario was particularly curious. Grandma Lucia had told him not to touch the cookies until they were ready, but the sweet and spicy aroma wafting through the house was irresistible. So, while Grandma Lucia was distracted, Mario reached out and took a warm cookie from the tray.

As soon as he tasted it, something incredible happened: Mario began to shrink! He looked around in fright and saw that he had become tiny, just like an elf. Before he could understand what was happening, he heard a rustling and saw a group of little animals smiling at him. There was a mouse, a ladybug, a hedgehog, and even a tiny owl.

"Have you come to help us with the Christmas decorations?" asked the mouse, waving a tiny garland of red berries.

Mario didn't know how to respond, but he realized he was now part of this strange adventure. So, he got to work, helping the little animals decorate their tiny Christmas tree. He brought tiny ornaments, arranged sparkling tinsel, and hung tiny lights made of dewdrops.

After working all night, Mario sat down to rest. The little animals told him that every year, thanks to Grandma Lucia's magical cookies, they could prepare a special tree and celebrate Christmas too. Mario felt honored to be part of this magical moment, but he started to miss home.

Just then, Grandma Lucia appeared beside him, smiling sweetly. "You've discovered the secret of my cookies, huh, Mario?" she said with a grin.

"Yes, Grandma," replied Mario. "But I didn't know the magic was so... special."

Grandma Lucia nodded. "The magic of Christmas is special because it teaches us the importance of sharing and being together. These little animals celebrate with us every year, even if we don't see them. Now that you know, you can carry on this tradition."

With a blink of her eye, Mario found himself back home, in his kitchen, at his normal size. He looked at the cookies on the tray and smiled. Now he understood how important it was to share them.

That evening, Mario and Grandma Lucia made more cookies and distributed them among the neighbors. As he ate his cookie, Mario felt the warmth of family and tradition, knowing that his little friends in the woods were celebrating with them too.

Il Regalo della Befana Birichina

———

C'era una volta una bambina di nome Camilla che viveva in un paesino di montagna in Italia. Camilla amava l'Epifania, perché sapeva che la Befana, la simpatica strega che volava di casa in casa, avrebbe lasciato dolcetti nelle calze dei bambini buoni. Quella notte, Camilla aveva preparato la sua calza con cura e, troppo emozionata per dormire, decise di aspettare sveglia l'arrivo della Befana.

Mentre guardava dalla finestra, sentì uno strano rumore provenire dal cortile. Incuriosita, Camilla scese in punta di piedi e rimase sorpresa nel vedere proprio la Befana, agitata e preoccupata.

"Oh no, oh no! Ho perso il mio sacco di regali!" esclamò la Befana, guardandosi intorno sconsolata.

Camilla, sentendo il suo dispiacere, si fece coraggio e le si avvicinò. "Posso aiutarti a cercarlo, Befana," disse con un sorriso gentile.

La Befana sorrise sorpresa. "Oh, sei molto coraggiosa e gentile, Camilla. Grazie!"

Così iniziò la loro avventura. Camilla e la Befana camminarono per le stradine del paese, bussando alle porte e chiedendo informazioni sul sacco perduto. Lungo il cammino incontrarono personaggi davvero strambi: il Signor Pino, il fornaio con la barba bianca, che stava preparando una gigantesca focaccia per la festa, e la Signora Rosa, che vendeva calze colorate e cercava di convincere la Befana a comprarne un paio nuove.

Poi incontrarono Peppe, il postino del paese, che rideva sempre forte come una campana e si offrì di aiutarle cercando nei posti più improbabili: dietro gli alberi, dentro i cespugli, persino sotto il ponte vicino al fiume!

Ogni personaggio che incontravano contribuiva a rendere l'avventura più divertente, anche se sembrava che il sacco fosse scomparso per sempre.

Proprio quando stavano per arrendersi, Camilla notò una strana ombra dietro un albero grande. Avvicinandosi con la Befana, trovarono finalmente il sacco dei regali, nascosto da un gruppo di monelli che volevano vedere la reazione della Befana.

"Birichini!" sbuffò la Befana ridendo, riprendendo il sacco. "Ora posso completare il mio giro di Epifania grazie a te, Camilla."

Di ritorno verso casa, la Befana si fermò e si rivolse a Camilla. "Per ringraziarti del tuo aiuto e della tua gentilezza, ho un regalo speciale per te."

La Befana prese una delle calze dal sacco e la consegnò a Camilla. Ma quando Camilla la aprì, non trovò solo dolcetti: c'era anche una piccola chiave d'oro.

"Questa chiave ti porterà sempre dove c'è bisogno di gentilezza," spiegò la Befana con un sorriso misterioso. "E ogni volta che la userai, il mio dono ti seguirà."

Camilla ringraziò la Befana, e quella notte, andando a letto, si sentì felice e piena di magia. Aveva scoperto che l'Epifania era molto più che ricevere dolci; era un momento per aiutare e condividere.

The Gift of the Mischievous Befana

———

Once upon a time, there was a little girl named Camilla who lived in a mountain village in Italy. Camilla loved Epiphany because she knew that the Befana, the friendly witch who flew from house to house, would leave treats in the stockings of good children. That night, Camilla carefully prepared her stocking and, too excited to sleep, decided to stay awake to wait for the Befana.

As she looked out the window, she heard a strange noise coming from the courtyard. Curious, Camilla tiptoed downstairs and was surprised to see none other than the Befana, flustered and worried.

"Oh no, oh no! I've lost my bag of gifts!" exclaimed the Befana, looking around sadly.

Feeling her distress, Camilla gathered her courage and approached her. "I can help you look for it, Befana," she said with a gentle smile.

The Befana smiled in surprise. "Oh, you are very brave and kind, Camilla. Thank you!"

Thus began their adventure. Camilla and the Befana walked through the village streets, knocking on doors and asking for information about the lost bag. Along the way, they met some truly quirky characters: Mr. Pino, the baker with the white beard, who was preparing a giant focaccia for the feast, and Mrs.

Rosa, who sold colorful stockings and tried to convince the Befana to buy a new pair.

Then they met Peppe, the village postman, who always laughed loudly like a bell and offered to help them search in the most unlikely places: behind trees, inside bushes, even under the bridge by the river!

Each character they encountered made the adventure more fun, even though it seemed the bag was lost forever.

Just when they were about to give up, Camilla noticed a strange shadow behind a large tree. Approaching with the Befana, they finally found the bag of gifts, hidden by a group of mischievous children who wanted to see the Befana's reaction.

"You little rascals!" huffed the Befana, laughing as she reclaimed the bag. "Now I can finish my Epiphany rounds thanks to you, Camilla."

On the way back home, the Befana stopped and turned to Camilla. "To thank you for your help and kindness, I have a special gift for you."

The Befana took one of the stockings from the bag and handed it to Camilla. But when Camilla opened it, she found not only treats but also a small golden key.

"This key will always take you where kindness is needed," explained the Befana with a mysterious smile. "And every time you use it, my gift will follow you."

Camilla thanked the Befana, and that night, as she went to bed, she felt happy and filled with magic. She had discovered that Epiphany was much more than receiving sweets; it was a time for helping and sharing.

Giovanni e il Presepe Parlante

Giovanni era un ragazzino vivace che viveva in un piccolo paese italiano, dove la tradizione del presepe era molto sentita. Ogni Natale, suo padre costruiva un meraviglioso presepe nel centro del villaggio, con case in miniatura, pastori, pecorelle e, ovviamente, la sacra famiglia.

La vigilia di Natale, Giovanni aiutava il padre a sistemare le ultime statuine. Era sempre emozionante vedere il presepe prendere forma, e quella sera, mentre tutti andavano a casa, Giovanni decise di fermarsi un momento in più per ammirare il lavoro.

Fu allora che accadde qualcosa di incredibile. Sentì una vocina sottile e, guardandosi intorno, si accorse che le statuine... stavano parlando!

"Giovanni!" disse il piccolo pastore, "Abbiamo bisogno del tuo aiuto!"

Giovanni si avvicinò incredulo. "Ma... come è possibile? Voi... parlate?"

La statuina del pastore annuì. "Sì, ma solo alla vigilia di Natale, quando la magia è più forte. Abbiamo bisogno di un ultimo pezzo per completare il presepe, o la magia del Natale scomparirà per sempre!"

"Cosa manca?" chiese Giovanni, ormai coinvolto nella straordinaria situazione.

"Manca la stella cometa, quella che guida i viandanti e porta la luce. Senza di essa, non possiamo completare la scena."

Giovanni, coraggioso e determinato, decise subito di cercare la stella. Salutò le statuine e si mise in cammino nella notte fredda, chiedendo aiuto alle persone che incontrava.

Prima passò dal Signor Mario, il falegname, che gli regalò un piccolo pezzo di legno luccicante. "Non sarà una stella vera, ma potrebbe aiutarti," disse con un sorriso.

Poi incontrò la Signora Anna, che vendeva fiori. Le raccontò della stella e lei gli diede un fiore dorato, dicendogli che avrebbe portato fortuna al presepe.

Infine, arrivò dal panettiere, il Signor Paolo, che gli diede delle scintillanti briciole di zucchero. "Queste porteranno un po' di dolcezza alla tua stella," disse.

Giovanni raccolse i doni e tornò al presepe. Con cura, combinò il legno, il fiore dorato e le briciole di zucchero, creando una piccola stella cometa che posizionò sopra la grotta.

Appena la stella toccò il presepe, una luce calda e dorata avvolse la scena, e tutte le statuine sorrisero a Giovanni.

"Grazie, Giovanni," disse il pastore. "Hai portato la magia del Natale al nostro presepe e al villaggio."

Giovanni sentì una gioia immensa, sapendo che il suo impegno aveva reso speciale quella vigilia di Natale per tutta la comunità.

Giovanni and the Talking Nativity

———

G iovanni was a lively boy who lived in a small Italian village, where the tradition of the presepe (Nativity scene) was very important. Every Christmas, his father would build a wonderful nativity in the center of the village, complete with miniature houses, shepherds, sheep, and, of course, the Holy Family.

On Christmas Eve, Giovanni helped his father arrange the final figurines. It was always exciting to see the nativity take shape, and that evening, as everyone went home, Giovanni decided to stay a moment longer to admire their work.

That was when something incredible happened. He heard a soft voice and, looking around, he realized that the figurines... were talking!

"Giovanni!" said the little shepherd, "We need your help!"

Giovanni approached in disbelief. "But... how is this possible? You... can talk?"

The shepherd figurine nodded. "Yes, but only on Christmas Eve when the magic is strongest. We need one last piece to complete the nativity, or the magic of Christmas will disappear forever!"

"What's missing?" asked Giovanni, now fully engaged in this extraordinary situation.

"We're missing the Christmas star, the one that guides travelers and brings light. Without it, we cannot complete the scene."

Brave and determined, Giovanni immediately decided to search for the star. He bid farewell to the figurines and set off into the cold night, asking for help from the people he met along the way.

First, he visited Mr. Mario, the carpenter, who gave him a small piece of sparkling wood. "It may not be a real star, but it could help you," he said with a smile.

Next, he met Mrs. Anna, who sold flowers. He told her about the star, and she gave him a golden flower, saying it would bring good luck to the nativity.

Finally, he arrived at the bakery, where Mr. Paolo gave him some sparkling sugar crumbs. "These will add a touch of sweetness to your star," he said.

Giovanni collected the gifts and returned to the nativity scene. Carefully, he combined the wood, the golden flower, and the sugar crumbs, creating a small Christmas star that he placed above the manger.

As soon as the star touched the nativity, a warm golden light enveloped the scene, and all the figurines smiled at Giovanni.

"Thank you, Giovanni," said the shepherd. "You have brought the magic of Christmas to our nativity and to the village."

Giovanni felt immense joy, knowing that his efforts had made that Christmas Eve special for the whole community.

Carlo e la Stella di Natale Perduta

———

Ogni Natale, la famiglia di Carlo aveva l'onore di decorare l'albero di Natale del villaggio con una stella speciale, tramandata di generazione in generazione. Era una stella antica, d'argento lucente, e per il villaggio rappresentava un simbolo di gioia e tradizione.

Ma quella vigilia, quando arrivò il momento di appendere la stella, Carlo e la sua famiglia si resero conto che... era scomparsa!

"Mamma, papà! Non riesco a trovare la stella!" esclamò Carlo, agitando le mani per il panico. I suoi genitori si scambiarono uno sguardo preoccupato, e tutti iniziarono a cercare la stella per casa, ma senza successo.

Deciso a ritrovarla, Carlo indossò il suo cappotto, prese una torcia e chiamò il suo fedele cane, Luna. "Andiamo, Luna! Troveremo la stella di Natale!"

Così iniziò la loro avventura per le strade del villaggio innevato, e lungo il cammino incontrarono personaggi davvero particolari. La prima tappa fu dalla Signora Teresa, la fioraia, che stava appendendo decorazioni natalizie alla sua bancarella.

"Ciao, Carlo! Cosa fai in giro con questo freddo?" chiese la Signora Teresa.

"Sto cercando la nostra stella di Natale. L'hai vista per caso?"

La Signora Teresa annuì pensierosa. "Non ho visto la tua stella, ma posso darti questa piccola campanella per portarti fortuna nella ricerca." Carlo ringraziò e appese la campanella al collare di Luna, che abbaiò felice.

Proseguirono il cammino fino alla bottega del Signor Bruno, il fabbro del villaggio. "Bruno, hai visto la mia stella?" chiese Carlo speranzoso.

Il Signor Bruno scosse la testa. "Non l'ho vista, ma prendi questa chiave speciale. Magari ti aprirà la porta giusta per trovarla!" Carlo prese la chiave e la mise in tasca, curioso del suo significato.

Infine, si avvicinarono alla casa del Signor Aldo, il vecchio saggio del villaggio, famoso per i suoi racconti misteriosi. "Carlo, cosa fai qui a quest'ora?" domandò con un sorriso.

"Sto cercando la nostra stella di Natale, Signor Aldo."

Il Signor Aldo sorrise e indicò il cielo. "Forse la stella è sempre stata con te. La vera luce del Natale è qui," disse, posando una mano sul cuore di Carlo.

Riflettendo su quelle parole, Carlo iniziò a capire. Non era una stella d'argento a fare il Natale speciale, ma il calore della famiglia, degli amici e delle persone che amava.

Quando tornò a casa, raccontò tutto ai suoi genitori, e insieme decisero di decorare l'albero con nuovi oggetti che avevano raccolto nel loro percorso: la campanella della Signora Teresa, la chiave del Signor Bruno e persino un piccolo rametto che Luna aveva trovato lungo la strada.

L'albero brillava con una luce nuova e speciale, e tutti i vicini vennero ad ammirarlo.

Quella sera, Carlo capì che la magia del Natale non risiedeva in un'unica decorazione, ma nella felicità di stare insieme.

Carlo and the Lost Christmas Star

———

Every Christmas, Carlo's family had the honor of decorating the village Christmas tree with a special star, passed down from generation to generation. It was an ancient star, shining silver, and for the village, it represented a symbol of joy and tradition.

But that Christmas Eve, when it came time to hang the star, Carlo and his family realized that... it was missing!

"Mom, Dad! I can't find the star!" exclaimed Carlo, waving his hands in panic. His parents exchanged worried glances, and everyone began searching the house for the star, but to no avail.

Determined to find it, Carlo put on his coat, grabbed a flashlight, and called his faithful dog, Luna. "Let's go, Luna! We'll find the Christmas star!"

And so began their adventure through the snowy village streets, where they encountered some truly unique characters along the way. The first stop was at Mrs. Teresa's flower stand, where she was hanging Christmas decorations.

"Hello, Carlo! What are you doing out in this cold?" asked Mrs. Teresa.

"I'm looking for our Christmas star. Have you seen it by any chance?"

Mrs. Teresa nodded thoughtfully. "I haven't seen your star, but I can give you this little bell to bring you luck in your search." Carlo thanked her and hung the bell on Luna's collar, who barked happily.

They continued on to Mr. Bruno's shop, the village blacksmith. "Bruno, have you seen my star?" Carlo asked hopefully.

Mr. Bruno shook his head. "I haven't seen it, but take this special key. Maybe it will open the right door for you to find it!" Carlo took the key and pocketed it, curious about its significance.

Finally, they approached the home of Mr. Aldo, the village wise man, famous for his mysterious tales. "Carlo, what are you doing here at this hour?" he asked with a smile.

"I'm looking for our Christmas star, Mr. Aldo."

Mr. Aldo smiled and pointed to the sky. "Perhaps the star has always been with you. The true light of Christmas is here," he said, placing a hand on Carlo's heart.

Reflecting on those words, Carlo began to understand. It wasn't a silver star that made Christmas special, but the warmth of family, friends, and the people he loved.

When he returned home, he shared everything with his parents, and together they decided to decorate the tree with new items they had gathered along their journey: Mrs. Teresa's bell, Mr. Bruno's key, and even a small twig that Luna had found along the way.

The tree sparkled with a new and special light, and all the neighbors came to admire it.

That evening, Carlo realized that the magic of Christmas did not lie in a single decoration but in the joy of being together.

Il Cenone Magico di Mezzanotte

———

Era la vigilia di Natale, e Bianca dormiva profondamente, avvolta nelle coperte calde. All'improvviso, fu svegliata da un profumo delizioso che si diffondeva per tutta la casa. Socchiudendo gli occhi, sentì anche dei sussurri e delle risate provenire dalla cucina. Curiosa, scivolò fuori dal letto e andò a vedere cosa stava succedendo.

Quando arrivò in cucina, trovò tutta la sua famiglia riunita attorno a una tavola imbandita di ogni delizia immaginabile. Era il cenone di Natale, la tradizionale cena della vigilia, e Bianca non riusciva a credere ai suoi occhi!

Ma c'era qualcosa di ancora più sorprendente: i piatti... prendevano vita! La pasta fresca iniziò a ballare sul tavolo come se fosse una piccola compagnia di danza, saltellando e intrecciandosi. I ravioli facevano delle piroette, mentre gli spaghetti si arrampicavano l'uno sull'altro formando una torre. Bianca rise, meravigliata.

Non solo la pasta, ma anche i dolci si erano animati. I panettoni cantavano canzoni di Natale in coro, con le uvette che battevano il tempo. Il torrone, con il suo dolce sorriso, ondeggiava da una parte all'altra, mentre i cannoli rotolavano come piccoli tamburelli, producendo una musica allegra.

Bianca guardò sua madre e suo padre, che osservavano la scena con un sorriso affettuoso. "Mamma, cosa sta succedendo? Perché il cenone si è animato?"

La madre si chinò verso di lei e sussurrò: "È la magia del Natale, Bianca. Quando tutta la famiglia si riunisce con amore e gioia, il cibo prende vita per festeggiare con noi."

Bianca si sedette accanto ai suoi nonni, che le raccontarono storie dei cenoni di Natale passati, pieni di risate, canzoni e danze. Guardando i volti sorridenti dei suoi genitori, dei nonni e dei fratelli, Bianca si rese conto di quanto fosse fortunata a essere parte di quella famiglia.

Quando la mezzanotte scoccò, la famiglia si prese per mano e brindò alla bellezza della notte, alla magia del cenone e alla fortuna di essere insieme. Bianca sentì una calda sensazione di gratitudine nel cuore e capì che il vero regalo del Natale era proprio quell'amore che dava vita a tutto ciò che la circondava.

Il cenone continuò tra risate, musica e dolci che si spostavano di piatto in piatto, mentre Bianca assaporava ogni momento con un sorriso radioso.

The Magical Midnight Feast

———

It was Christmas Eve, and Bianca was sound asleep, wrapped in warm blankets. Suddenly, she was awakened by a delicious aroma wafting through the house. Squinting her eyes, she also heard whispers and laughter coming from the kitchen. Curious, she slipped out of bed and went to see what was happening.

When she arrived in the kitchen, she found her entire family gathered around a table laden with every imaginable delight. It was the Christmas feast, the traditional dinner of Christmas Eve, and Bianca couldn't believe her eyes!

But there was something even more surprising: the dishes... were coming to life! The fresh pasta began to dance on the table as if it were a little dance company, hopping and intertwining. The ravioli were doing pirouettes, while the spaghetti climbed on top of each other to form a tower. Bianca laughed, amazed.

Not only the pasta, but the sweets had also come to life. The panettoni sang Christmas carols in harmony, with the raisins keeping the beat. The nougat, with its sweet smile, swayed back and forth, while the cannoli rolled around like little tambourines, producing cheerful music.

Bianca looked at her mother and father, who were watching the scene with affectionate smiles. "Mom, what's happening? Why has the feast come to life?"

Her mother leaned down toward her and whispered, "It's the magic of Christmas, Bianca. When the whole family comes together with love and joy, the food comes to life to celebrate with us."

Bianca sat down next to her grandparents, who told her stories of past Christmas feasts, filled with laughter, songs, and dances. Looking at the smiling faces of her parents, grandparents, and siblings, Bianca realized how lucky she was to be part of that family.

When the clock struck midnight, the family held hands and toasted to the beauty of the night, the magic of the feast, and the joy of being together. Bianca felt a warm sensation of gratitude in her heart and understood that the true gift of Christmas was the love that brought everything around her to life.

The feast continued amid laughter, music, and sweets moving from plate to plate, while Bianca savored every moment with a radiant smile.

Giulia e il Bastone della Befana

In un piccolo villaggio italiano, viveva Giulia, una bambina curiosa e molto astuta. Tra tutte le tradizioni natalizie, quella che Giulia amava di più era l'arrivo della Befana. Ogni anno, la notte dell'Epifania, la gentile strega volava di casa in casa, portando dolci e caramelle ai bambini che si erano comportati bene.

Ma quest'anno, Giulia aveva un piano: voleva restare sveglia tutta la notte per vedere la Befana con i suoi occhi. "Chissà se è davvero come raccontano le storie," pensava emozionata.

Giunta la notte del 5 gennaio, Giulia si nascose dietro la tenda della finestra, con gli occhi ben aperti e il cuore che batteva forte. Attese e attese, finché finalmente vide una figura avvicinarsi alla sua porta. Era lei, con il naso lungo e i capelli spettinati, che teneva in mano una sacca piena di dolci!

Ma c'era qualcosa di strano: la Befana sembrava preoccupata. "Oh no!" sussurrò la Befana, guardando la sua scopa spezzata tra le mani. "Come farò a finire il mio giro senza la mia scopa magica?"

Giulia non poté resistere e uscì dalla porta di casa, avvicinandosi alla Befana con coraggio. "Signora Befana, posso aiutarla io!" esclamò. "Mio nonno ha un bastone molto robusto, lo uso come scopa e la aiuto a consegnare i regali!"

La Befana sorrise, sorpresa ma grata per l'offerta. "Oh, piccola Giulia, sei così gentile! Forse... sì, con quel bastone potrei anche riuscire a finire il mio giro!"

Giulia corse a prendere il bastone del nonno, e insieme a Befana salì sul bastone improvvisato. Con un tocco di polvere magica della Befana, il bastone cominciò a sollevarsi lentamente da terra. Prima che Giulia potesse accorgersene, stavano già volando sopra i tetti del villaggio!

Volavano di casa in casa, e ogni volta che arrivavano a una porta, Giulia lasciava un dolcetto o un pezzetto di carbone, mentre la Befana la guidava con dolcezza. La luna splendeva alta nel cielo, illuminando il loro percorso e rendendo la notte ancora più magica.

Giulia era emozionata e orgogliosa di poter aiutare la Befana, e mentre distribuivano gli ultimi dolci, la Befana si girò verso di lei e disse: "Grazie, Giulia. Grazie alla tua generosità e al tuo coraggio, siamo riuscite a portare i doni a tutti i bambini del villaggio."

Quando l'ultimo dolcetto fu consegnato e l'alba cominciava a illuminare il cielo, la Befana riaccompagnò Giulia a casa sua. "Ricorda, bambina mia, che la vera magia del Natale è nei cuori generosi," le disse con un sorriso.

Giulia scese dal bastone, il cuore pieno di felicità e soddisfazione. Salutò la Befana che sparì tra le nuvole, lasciando dietro di sé una lieve scia di stelle.

Giulia and the Befana's Cane

———

In a small Italian village, there lived a curious and clever little girl named Giulia. Out of all the Christmas traditions, her favorite was the arrival of the Befana. Each year, on the night of the Epiphany, the kind witch would fly from house to house, bringing sweets and treats to children who had behaved well.

But this year, Giulia had a plan: she wanted to stay up all night to see the Befana with her own eyes. "I wonder if she's really like the stories say," she thought excitedly.

On the night of January 5th, Giulia hid behind her window curtain, with her eyes wide open and her heart pounding. She waited and waited until, finally, she saw a figure approaching her door. It was her, with her long nose and messy hair, holding a sack full of sweets!

But something seemed odd: the Befana looked worried. "Oh no!" she whispered, looking at her broken broom in her hands. "How will I finish my rounds without my magical broom?"

Giulia couldn't resist and stepped outside, bravely approaching the Befana. "Madam Befana, I can help you!" she exclaimed. "My grandpa has a very sturdy cane; I can use it as a broom, and I'll help you deliver the gifts!"

The Befana smiled, surprised but grateful for the offer. "Oh, little Giulia, you are so kind! Perhaps... yes, with that cane, I might just be able to finish my round!"

Giulia ran to get her grandfather's cane, and together with the Befana, she climbed onto the improvised broomstick. With a sprinkle of the Befana's magic dust, the cane slowly began to lift off the ground. Before Giulia knew it, they were flying over the village rooftops!

They went from house to house, and each time they arrived at a door, Giulia would leave a treat or a small piece of coal, while the Befana guided her gently. The moon shone high in the sky, lighting their way and making the night even more magical.

Giulia was thrilled and proud to help the Befana, and as they delivered the last of the treats, the Befana turned to her and said, "Thank you, Giulia. Thanks to your kindness and courage, we were able to bring gifts to all the children in the village."

When the last treat was delivered and dawn began to light up the sky, the Befana took Giulia back to her home. "Remember, my dear child, that the true magic of Christmas is in generous hearts," she said with a smile.

Giulia stepped off the broomstick, her heart filled with happiness and satisfaction. She waved goodbye as the Befana disappeared into the clouds, leaving a gentle trail of stars behind her.

Il Presepe di Nonno Salvatore

———

Ogni anno, all'avvicinarsi del Natale, Marco e i suoi amici attendevano con impazienza il presepe di Nonno Salvatore. Il vecchio falegname era famoso in tutto il paese per il suo presepe spettacolare, che costruiva con grande cura e amore nella piazza centrale. Ogni statuina aveva un aspetto unico, e si diceva che le creazioni di Nonno Salvatore fossero così realistiche da sembrare vive.

Quest'anno, però, accadde qualcosa di inaspettato. Proprio il giorno dell'inaugurazione del presepe, una raffica di vento improvvisa soffiò sulla piazza, sparpagliando le statuine in ogni angolo del villaggio. Quando Marco arrivò in piazza e vide che il presepe era quasi vuoto, non riusciva a credere ai suoi occhi.

"Dobbiamo trovare le statuine e riportarle al nonno!" esclamò Marco, rivolgendosi ai suoi amici. Così, armati di sciarpe, guanti e lanterne, partirono per una caccia al tesoro natalizia per tutto il villaggio.

La prima statuina che trovarono era il pastore, che giaceva accanto alla fontana del villaggio. Accanto a lui c'era la signora Pina, la panettiera, che ridacchiava. "Ah, il pastore è proprio come mio marito," disse, "sempre pronto a prendersi una pausa vicino a una fontana!" Marco e i suoi amici risero, ringraziarono la signora Pina e proseguirono.

La prossima statuina era la pecorella, ritrovata nel negozio del fruttivendolo. "Guardate chi ho qui!" disse il fruttivendolo, mostrando la piccola pecora. "Quando ero piccolo, anche io partecipavo al presepe vivente! Era il momento più bello dell'anno." Marco sorrise, riconoscendo l'affetto che ogni paesano nutriva per la tradizione del presepe.

Man mano che raccoglievano le statuine, Marco e i suoi amici ascoltavano le storie dei vecchi e dei giovani del villaggio, ognuno con un ricordo speciale legato al presepe di Nonno Salvatore.

Finalmente, quando il sole iniziava a calare, trovarono l'ultima statuina: il bambinello. Era nascosta nel giardino della maestra Rita, proprio accanto a un cespuglio di rose. "Ricordo quando Salvatore creò il primo presepe," disse la maestra Rita con un sorriso nostalgico. "Ogni anno, aggiungeva qualcosa di nuovo, portando un po' di magia a tutti noi."

Con tutte le statuine finalmente ritrovate, Marco e i suoi amici tornarono alla piazza e aiutarono Nonno Salvatore a rimetterle a posto. Il presepe era completo, più bello che mai, grazie all'aiuto di tutto il villaggio.

Alla sera, quando le luci illuminarono il presepe e tutti gli abitanti si riunirono intorno per ammirarlo, Nonno Salvatore si rivolse ai bambini. "Il vero spirito del Natale non è nelle statuine, ma nel calore e nella gentilezza che tutti voi avete mostrato oggi. Questo è il miracolo del Natale."

Marco guardò i suoi amici, orgoglioso di aver partecipato a qualcosa di così speciale. Avevano riportato al villaggio la magia del Natale, non solo attraverso il presepe, ma attraverso i legami di amicizia e comunità che li univano.

Grandpa Salvatore's Nativity Scene

———

E very year, as Christmas approached, Marco and his friends eagerly awaited Grandpa Salvatore's nativity scene. The old carpenter was famous throughout the village for his spectacular nativity display, which he built with great care and love in the central square. Each figurine had a unique look, and it was said that Grandpa Salvatore's creations were so lifelike they seemed almost alive.

This year, however, something unexpected happened. On the day of the nativity's unveiling, a sudden gust of wind swept across the square, scattering the figurines to every corner of the village. When Marco arrived at the square and saw the almost-empty nativity scene, he could hardly believe his eyes.

"We have to find the figurines and bring them back to Grandpa!" Marco exclaimed, turning to his friends. So, armed with scarves, gloves, and lanterns, they set off on a Christmas treasure hunt throughout the village.

The first figurine they found was the shepherd, lying next to the village fountain. Next to him was Mrs. Pina, the baker, chuckling. "Ah, the shepherd is just like my husband," she said, "always ready to take a break by the fountain!" Marco and his friends laughed, thanked Mrs. Pina, and moved on.

The next figurine was the little sheep, found in the greengrocer's shop. "Look who I have here!" said the greengrocer, holding up the small sheep. "When I was young, I used to be part of the live nativity! It was the best time of the year." Marco smiled, recognizing the love every villager had for Grandpa Salvatore's nativity tradition.

As they gathered the figurines, Marco and his friends listened to stories from the village's young and old, each with a special memory tied to Grandpa Salvatore's nativity.

Finally, as the sun began to set, they found the last figurine: the baby Jesus. It was hidden in Teacher Rita's garden, right next to a rose bush. "I remember when Salvatore created the very first nativity," said Teacher Rita with a nostalgic smile. "Each year, he added something new, bringing a bit of magic to all of us."

With all the figurines finally collected, Marco and his friends returned to the square and helped Grandpa Salvatore put them back in place. The nativity scene was complete, more beautiful than ever, thanks to the help of the entire village.

That evening, when the lights illuminated the nativity and all the villagers gathered around to admire it, Grandpa Salvatore turned to the children. "The true spirit of Christmas isn't in the figurines, but in the warmth and kindness you all showed today. That is the miracle of Christmas."

Marco looked at his friends, proud to have been part of something so special. They had brought the Christmas magic back to the village, not just through the nativity scene, but through the bonds of friendship and community that united them all.

Una Serata di Canti con Zia Carmela

———

Sara e Luca non erano molto entusiasti della vigilia di Natale. Ogni anno, la loro famiglia si riuniva a casa della Zia Carmela per festeggiare, e ogni anno Zia Carmela insisteva nel fare una serenata natalizia con tutti i cugini. A Sara e Luca non piaceva l'idea di dover cantare davanti a tutti e, segretamente, pensavano che fosse un po' imbarazzante.

Quella sera, mentre tutti si sistemavano nel salotto, Sara e Luca ebbero un'idea per rendere la serata un po' più divertente. "E se facessimo uno scherzetto a Zia Carmela?" sussurrò Luca con un sorriso malizioso. Sara annuì, e i due si misero a osservare la cucina, dove la zia stava preparando la sua famosa tisana natalizia, una bevanda che ogni anno diceva essere "magica".

Mentre Zia Carmela si allontanava per prendere qualcosa in un'altra stanza, Sara e Luca cercarono di versare qualche goccia di sciroppo di ciliegia nella tisana per cambiarne il colore, sperando di farla sembrare una pozione "speciale". Ma proprio mentre stavano per aggiungere lo sciroppo, accidentalmente urtarono la teiera, rovesciando la tisana dappertutto.

"Oh no!" sussurrò Sara, guardando il liquido dorato che scorreva sul tavolo. Ma prima che potessero fare qualcosa, Zia Carmela tornò e, vedendo la scena, rise. "Non preoccupatevi, bambini! Succede," disse con un sorriso. Preparò rapidamente un'altra tisana e la servì a tutti i presenti, spiegando che si trattava di una tisana speciale, perfetta per celebrare il Natale con gioia.

Dopo aver bevuto un sorso, Sara e Luca sentirono una strana sensazione in gola. E, senza nemmeno rendersene conto, iniziarono a cantare! Ma non cantavano in modo normale; le loro voci erano profonde e potenti, come quelle di veri cantanti d'opera. Sara intonò una nota alta, e Luca la seguì con un vibrato perfetto. Tutti i cugini rimasero sbalorditi, e persino Zia Carmela li guardava con occhi spalancati, meravigliata.

"La tisana... è davvero magica!" sussurrò Luca con una risata, mentre lui e Sara continuavano a cantare come mai avevano fatto prima. Ben presto, anche gli altri cugini iniziarono a cantare, e presto l'intera stanza era piena di canti natalizi che risuonavano con un'energia travolgente. Non c'era nessuna vergogna, nessuna esitazione – solo risate e gioia, mentre tutti si univano nella serenata più incredibile che avessero mai fatto.

La serata passò tra risate e canzoni, e persino Sara e Luca si divertirono così tanto che dimenticarono il loro iniziale piano di fare uno scherzo. Alla fine, capirono che quella tradizione della serenata con Zia Carmela, che avevano sempre considerato un po' noiosa, era in realtà uno dei momenti più speciali del Natale. E con il potere magico della tisana, sentirono che quella vigilia di Natale era diventata indimenticabile.

An Evening of Songs with Aunt Carmela

———

S ara and Luca weren't very excited about Christmas Eve. Every year, their family gathered at Aunt Carmela's house to celebrate, and every year, Aunt Carmela insisted on a Christmas sing-along with all the cousins. Sara and Luca didn't like the idea of singing in front of everyone, and secretly, they thought it was a bit embarrassing.

That evening, as everyone settled into the living room, Sara and Luca had an idea to make the evening a bit more fun. "What if we played a little trick on Aunt Carmela?" Luca whispered with a mischievous grin. Sara nodded, and they both watched the kitchen, where their aunt was preparing her famous Christmas tea—a drink she claimed was "magical" every year.

While Aunt Carmela stepped away to get something from another room, Sara and Luca tried to pour a few drops of cherry syrup into the tea to change its color, hoping to make it look like a "special" potion. But just as they were about to add the syrup, they accidentally knocked over the teapot, spilling the tea everywhere.

"Oh no!" Sara whispered, staring at the golden liquid running across the table. But before they could do anything, Aunt Carmela returned and, seeing the scene, laughed. "Don't worry, kids! It happens," she said with a smile. She quickly made another pot of tea and served it to everyone, explaining that it was a special tea, perfect for celebrating Christmas with joy.

After taking a sip, Sara and Luca felt a strange sensation in their throats. And, without even realizing it, they began to sing! But they weren't singing normally; their voices were deep and powerful, like real opera singers. Sara hit a high note, and Luca followed with a perfect vibrato. All the cousins were astonished, and even Aunt Carmela looked at them wide-eyed in wonder.

"The tea... it's really magic!" Luca whispered with a laugh as he and Sara continued to sing like they never had before. Soon, the other cousins joined in, and soon the entire room was filled with Christmas songs that echoed with a powerful energy. There was no embarrassment, no hesitation—just laughter and joy as everyone joined in for the most incredible sing-along they'd ever had.

The evening passed in laughter and songs, and even Sara and Luca had so much fun that they forgot all about their original prank. In the end, they realized that the sing-along tradition with Aunt Carmela, which they had always considered a bit boring, was actually one of the most special parts of Christmas. And with the magical power of the tea, they felt that this Christmas Eve had become unforgettable.

Alessandro e la Festa dei Cinque Cibi

———

Ogni anno, la famiglia di Alessandro celebrava la "Festa dei Cinque Cibi," una cena speciale della vigilia di Natale in cui venivano serviti cinque piatti tradizionali. I genitori di Alessandro preparavano con cura ogni piatto, e il profumo dei cibi riempiva la casa di calore e gioia. Alessandro non vedeva l'ora di assaporare il delizioso cappone, i tortellini in brodo, il baccalà, le lenticchie, e il dolce panettone.

Quest'anno, però, le cose non andarono come previsto. Mentre tutti si riunivano attorno al tavolo, la sua vivace sorellina, Giulia, giocava con il suo pupazzo e, per un colpo di scena, rovesciò una ciotola di salsa proprio sopra il tavolo, rovinando la tavola apparecchiata con tanta cura. La salsa si sparse dappertutto, coprendo piatti e posate. Alessandro rimase scioccato, ma non si lasciò prendere dal panico.

"Giulia! Che disastro!" esclamò, ma vide le lacrime negli occhi della sua sorellina.

Invece di arrabbiarsi, Alessandro ebbe un'idea brillante. "Facciamo un gioco!" propose, con un sorriso. "Invece di perdere la nostra cena, inviteremo i nostri vicini a unirsi a noi e a creare nuovi piatti da quello che abbiamo nelle nostre cucine!"

Giulia si illuminò e cominciò a saltellare, felice di partecipare. Alessandro corse a chiamare i vicini, e in men che non si dica, la casa si riempì di amici e famiglie pronte a unirsi all'improvvisata festa. Ogni famiglia portò con sé ingredienti e ricette speciali.

C'era la signora Rosa, che portò i suoi famosi arancini, e il signor Marco, che arrivò con una pentola fumante di minestra di fagioli. I bambini correvano su e giù per la casa, ridendo e chiacchierando mentre aiutavano a preparare i nuovi piatti. Giulia e Alessandro si misero all'opera, mescolando ingredienti e assaggiando tutto.

Alla fine della serata, il tavolo era ricoperto di piatti colorati e deliziosi. C'erano spaghetti con sugo di pomodoro fresco, insalate croccanti, e persino un dolce improvvisato fatto con ciò che era rimasto del panettone, mescolato con frutta e panna.

Alessandro guardò il tavolo stracolmo di cibo e i volti felici di tutti i suoi amici e familiari. In quel momento capì che la vera magia del Natale non risiedeva solo nei piatti tradizionali, ma nei legami che si creavano quando si condivideva il cibo e si collaborava.

E così, la Festa dei Cinque Cibi si trasformò in una festa di creatività e amicizia, un momento che Alessandro e Giulia avrebbero ricordato per sempre. La loro casa era piena di risate, canti e calore, proprio come un Natale dovrebbe essere.

Alessandro and the Feast of Five Dishes

———

Every year, Alessandro's family celebrated the "Feast of Five Dishes," a special Christmas Eve dinner where five traditional dishes were served. Alessandro's parents carefully prepared each dish, and the aroma of the food filled the house with warmth and joy. Alessandro looked forward to savoring the delicious capón, tortellini in brodo (tortellini in broth), baccalà (salted cod), lenticchie (lentils), and the sweet panettone.

This year, however, things did not go as planned. As everyone gathered around the table, his lively little sister, Giulia, was playing with her doll, and in a twist of fate, she accidentally knocked over a bowl of sauce all over the table, ruining the carefully set feast. The sauce splattered everywhere, covering dishes and utensils. Alessandro was shocked, but he didn't let panic take over.

"Giulia! What a disaster!" he exclaimed, but he saw tears in his little sister's eyes.

Instead of getting angry, Alessandro had a brilliant idea. "Let's make it a game!" he suggested with a smile. "Instead of losing our dinner, we'll invite our neighbors to join us and create new dishes from what we have in our kitchens!"

Giulia lit up and started to jump around, excited to participate. Alessandro ran to call the neighbors, and before long, their house was filled with friends and families ready to join the impromptu party. Each family brought special ingredients and recipes.

There was Mrs. Rosa, who brought her famous arancini (fried rice balls), and Mr. Marco, who arrived with a steaming pot of bean soup. The children ran up and down the house, laughing and chatting as they helped prepare the new dishes. Giulia and Alessandro got to work, mixing ingredients and tasting everything.

By the end of the evening, the table was covered with colorful and delicious dishes. There were spaghetti with fresh tomato sauce, crunchy salads, and even an improvised dessert made from the leftover panettone, mixed with fruit and cream.

Alessandro looked at the table overflowing with food and the happy faces of all his friends and family. In that moment, he realized that the true magic of Christmas wasn't just in the traditional dishes but in the bonds that were created when sharing food and collaborating together.

And so, the Feast of Five Dishes transformed into a celebration of creativity and friendship, a moment that Alessandro and Giulia would remember forever. Their home was filled with laughter, songs, and warmth, just as Christmas should be.

La Magia dei Dolci di Natale

———

Marco e Sofia erano due fratelli che adoravano cucinare. Ogni anno, durante le festività natalizie, aiutavano la loro nonna a preparare dolci tradizionali per il grande banchetto di famiglia. Questa volta, però, la nonna aveva una sorpresa speciale per loro: una ricetta di famiglia che conteneva un ingrediente segreto: l'amore!

"Quest'anno, faremo i dolci più deliziosi di sempre!" esclamò la nonna, mentre i suoi occhi brillavano di entusiasmo.

Marco e Sofia si misero subito all'opera. Iniziarono a misurare farina, zucchero e uova, ridendo e scherzando mentre mescolavano gli ingredienti. Ma, a mano a mano che la preparazione proseguiva, la cucina cominciò a trasformarsi in un luogo magico. I biscotti danzavano nell'impasto, mentre il panettone cantava dolci melodie, riempiendo l'aria di profumi festosi.

"Mamma mia, che cosa sta succedendo?" chiese Sofia, sorridendo mentre un gruppo di biscotti di pan di zenzero cominciava a ballare in cerchio.

"Non lo so, ma è fantastico!" rispose Marco, mentre cercava di non ridere troppo forte.

Ma proprio quando pensavano che la magia non potesse essere più grande, un piccolo folletto birichino apparve sulla soglia della cucina. Con un grande sorriso malizioso, il folletto cercò di afferrare il quaderno di ricette della nonna.

"Fermati!" gridò Marco, mentre Sofia si precipitava verso il folletto. "Non puoi portare via la nostra ricetta segreta!"

Il folletto, con un balzo agile, cercò di scappare, ma Marco e Sofia erano pronti. "Insieme possiamo fermarlo!" disse Sofia, mentre Marco annuiva con determinazione.

Così, i due fratelli si misero a inseguire il folletto in tutta la cucina. Tra risate e qualche inciampo, riuscirono finalmente a bloccarlo in un angolo. "Perché vuoi la nostra ricetta?" chiese Marco, respirando affannosamente.

"Perché i dolci più deliziosi sono quelli preparati con amore!" rispose il folletto, sorridendo timidamente. "Volevo solo assaporare un po' della vostra magia!"

La nonna, che aveva osservato la scena, intervenne con un sorriso. "Se vuoi, puoi unirti a noi e imparare a cucinare! Più siamo, più dolci faremo!" disse.

Il folletto si illuminò. "Davvero? Posso aiutare?"

"Certo!" rispose Sofia. "Cuciniamo insieme!"

E così, i tre iniziarono a mescolare, impastare e decorare i dolci. La cucina si riempì di risate e canzoni, e ogni dolce che preparavano era ancora più magico. Marco e Sofia capirono che la vera magia non era solo nei dolci, ma nei momenti trascorsi insieme, condividendo l'amore e le tradizioni familiari.

E così, Marco, Sofia e il folletto celebrarono il Natale, sapendo che il segreto dei dolci non era solo nella ricetta, ma nell'amore e nella gioia di cucinare insieme.

The Magic of Christmas Sweets

Marco and Sofia were two siblings who loved to bake. Every year, during the Christmas holidays, they helped their grandmother prepare traditional sweets for the big family feast. This time, however, Grandma had a special surprise for them: a family recipe that contained a secret ingredient: love!

"This year, we are going to make the most delicious sweets ever!" Grandma exclaimed, her eyes shining with excitement.

Marco and Sofia immediately got to work. They started measuring flour, sugar, and eggs, laughing and joking as they mixed the ingredients. But as the preparation continued, the kitchen began to transform into a magical place. The cookies danced in the dough, while the panettone sang sweet melodies, filling the air with festive scents.

"Oh my goodness, what's happening?" asked Sofia, smiling as a group of gingerbread cookies began to dance in a circle.

"I don't know, but it's fantastic!" Marco replied, trying not to laugh too loudly.

Just when they thought the magic couldn't get any greater, a little mischievous elf appeared at the kitchen door. With a big cheeky grin, the elf tried to snatch Grandma's recipe book.

"Stop!" shouted Marco, as Sofia rushed toward the elf. "You can't take our secret recipe!"

The elf, with a nimble leap, tried to escape, but Marco and Sofia were ready. "Together we can stop him!" said Sofia, while Marco nodded determinedly.

So the two siblings began to chase the elf all around the kitchen. Amid laughter and a few stumbles, they finally managed to corner him. "Why do you want our recipe?" Marco asked, panting.

"Because the most delicious sweets are those made with love!" replied the elf, smiling shyly. "I just wanted to taste some of your magic!"

Grandma, who had been watching the scene, intervened with a smile. "If you'd like, you can join us and learn to bake! The more, the merrier!" she said.

The elf's eyes lit up. "Really? Can I help?"

"Of course!" Sofia replied. "Let's bake together!"

And so, the three of them began to mix, knead, and decorate the sweets. The kitchen filled with laughter and songs, and every treat they made became even more magical. Marco and Sofia realized that the true magic was not just in the sweets, but in the moments spent together, sharing love and family traditions.

And so, Marco, Sofia, and the elf celebrated Christmas, knowing that the secret of the sweets was not just in the recipe, but in the love and joy of cooking together.

Il Viaggio di Natalino

———

C'era una volta, in una piccola piazza di un incantevole villaggio italiano, un pupazzo di neve di nome Natalino. Era stato creato dai bambini del villaggio, con una carota per naso, sassolini per occhi e una sciarpa rossa che gli avvolgeva il collo. Ma ciò che rendeva Natalino davvero speciale era la magia del Natale, che lo aveva animato. Ogni giorno, Natalino osservava i festeggiamenti natalizi con occhi pieni di meraviglia e un grande sogno nel cuore: desiderava esplorare il mondo oltre la piazza e scoprire come si celebrava il Natale in tutta Italia.

Una mattina, mentre i bambini si preparavano per la vigilia di Natale, Natalino decise che era giunto il momento di partire. Con un sorriso di neve, si mise in cammino, lasciando la sua piazza dietro di sé.

Il suo primo stop fu a Bolzano, dove i mercatini di Natale erano famosi in tutto il paese. Quando Natalino arrivò, fu accolto da un'atmosfera festosa e da un profumo di dolci appena sfornati. Le bancarelle erano piene di artigianato locale, decorazioni in legno e, naturalmente, dolci tradizionali. Mentre assaporava questi deliziosi dolcetti, Natalino incontrò una gentile signora di nome Maria, che gli raccontò la tradizione del mercatino di Natale di Bolzano, dove le famiglie si riuniscono per godere delle prelibatezze locali e per scambiarsi regali.

"Dovresti provare anche il vin brulè!" gli suggerì Maria, ridendo. "Ti scalderà il cuore!"

Dopo aver gustato i dolci e ascoltato storie di Natale, Natalino si sentiva rinvigorito e pronto per la sua prossima avventura. Si mise in cammino verso Napoli, dove si diceva che le luminarie di Natale fossero tra le più belle d'Italia.

Quando arrivò a Napoli, Natalino rimase senza parole di fronte ai colori vivaci e alle luci scintillanti che adornavano le strade. Le persone ridevano e cantavano, e il profumo della pastiera e del panettone riempiva l'aria. Mentre esplorava, incontrò un gruppo di bambini che stavano creando un presepe vivente. Gli spiegò che a Napoli, è tradizione mettere in scena il presepe, una rappresentazione della nascita di Gesù, con figure di legno e stoffa, e anche persone reali che interpretano i personaggi.

"Vuoi unirti a noi?" chiese uno dei bambini, stringendo la mano di Natalino. "Possiamo farti diventare il nostro Giuseppe!"

Con il cuore colmo di gioia, Natalino accettò l'invito e partecipò alla rappresentazione, sentendo il calore dell'amicizia e la gioia della comunità. Comprendere il significato del Natale per le persone che lo circondavano gli fece realizzare che non era solo una festa, ma un momento di unione e condivisione.

Dopo aver salutato i nuovi amici, Natalino decise di visitare una piccola città chiamata Matera, famosa per le sue storiche "Sassi". Qui, le tradizioni natalizie erano un po' diverse. Natalino assistette a una processione che portava la gente a cantare canti natalizi sotto le stelle. Mentre le note risuonavano tra le rocce antiche, Natalino si sentì sopraffatto dalla bellezza della tradizione e dalla semplicità della celebrazione.

Dopo una lunga giornata di avventure e nuove scoperte, Natalino si rese conto che la vera magia del Natale non risiedeva solo nei luoghi visitati o nei dolci assaporati, ma nelle persone incontrate e nelle tradizioni condivise. Tornando a casa, il suo cuore era pieno di amore, risate e gratitudine.

Quando finalmente ritornò alla sua piazza, i bambini lo accolsero con gioia. Natalino capì che, sebbene avesse visto tanti posti meravigliosi, il suo posto preferito era sempre stato lì, circondato dalle persone che amava.

Natalino's Journey

———

Once upon a time, in a small square of a charming Italian village, there was a snowman named Natalino. He had been built by the village children, with a carrot for a nose, pebbles for eyes, and a red scarf wrapped around his neck. But what made Natalino truly special was the magic of Christmas that had brought him to life. Every day, Natalino watched the Christmas celebrations with wide eyes and a big dream in his heart: he wanted to explore the world beyond the square and discover how Christmas was celebrated all over Italy.

One morning, as the children prepared for Christmas Eve, Natalino decided it was time to set off. With a snowy smile, he began his journey, leaving his square behind.

His first stop was Bolzano, where the Christmas markets were famous throughout the country. When Natalino arrived, he was greeted by a festive atmosphere and the aroma of freshly baked sweets. The stalls were filled with local crafts, wooden decorations, and, of course, traditional treats. As he savored these delicious goodies, Natalino met a kind lady named Maria, who told him about the tradition of the Christmas market in Bolzano, where families come together to enjoy local delicacies and exchange gifts.

"You should try the mulled wine too!" Maria suggested with a laugh. "It will warm your heart!"

After enjoying the sweets and listening to Christmas stories, Natalino felt rejuvenated and ready for his next adventure. He set off for Naples, where the Christmas lights were said to be among the most beautiful in Italy.

Upon arriving in Naples, Natalino was speechless at the vibrant colors and sparkling lights adorning the streets. People were laughing and singing, and the scent of pastiera and panettone filled the air. As he explored, he encountered a group of children creating a living nativity scene. They explained that in Naples, it is traditional to stage the presepe, a representation of the birth of Jesus, with wooden and cloth figures, as well as real people portraying the characters.

"Do you want to join us?" one of the children asked, holding Natalino's hand. "We can make you our Joseph!"

With a heart full of joy, Natalino accepted the invitation and took part in the performance, feeling the warmth of friendship and the joy of community. Understanding the meaning of Christmas for the people around him made him realize that it was not just a celebration, but a moment of unity and sharing.

After bidding farewell to his new friends, Natalino decided to visit a small town called Matera, famous for its historic "Sassi." Here, the Christmas traditions were a bit different. Natalino witnessed a procession that brought people together to sing Christmas carols under the stars. As the notes echoed through the ancient rocks, Natalino felt overwhelmed by the beauty of the tradition and the simplicity of the celebration.

After a long day of adventures and new discoveries, Natalino realized that the true magic of Christmas did not lie solely in the places visited or the sweets tasted, but in the people met and the traditions shared. As he headed home, his heart was filled with love, laughter, and gratitude.

When he finally returned to his square, the children welcomed him with joy. Natalino understood that, although he had seen many wonderful places, his favorite spot had always been right there, surrounded by the people he loved.

Milton Keynes UK
Ingram Content Group UK Ltd.
UKHW030749121124
451094UK00013B/841

9 798227 480712